AF255995